WESTREWICH
DACIA
WORDE
RINKOLING
HADR
RIPPE
TRIL
ASNES
FRISIA INSVLAE
SLEWICK
DVCAT HOLSATIE
FRI SI A
DOC TRVM
FRI SIA
ALSE
ERRE
HAMB ORCH
LVBECK
INIBRIA
LVBICH
FRISIA
MOLLE
TEVTONES
BREMIS
ALBIS FLV
INSVRCVS FLV
PERDA
GODEBVC
SAXONIA
SAXON
LVNEBOORG
MVNDIS
STERIVM
HILDESEM
PRVNSWIG

Friesen - Café

Bildschöne NORDSEEKÜSTE

Armin Maywald

»Die Meere sind der sichtbare Beweis dafür, dass Gott über seine Schöpfung geweint hat«

Paul Fort (1872–1960)

BRUCKMANN

STRANDWÄRTER

Inhalt

◁◁Das Friesen-Cafe in Amrum ist seit 60 Jahren eine Institution (S. 4). Der Südstrand von Wyk auf Föhr (S. 6/7).
The Friesen-Cafe dating from 1745 at Nebel, Amrum (p. 4). The South Beach from Wyh to Föhr (p. 6/7).
Le Friesen-Café à Nebel, sur l'île d'Amrum, situé dans une vieille maison de 1745 (p. 4). La plage sud Wyk sur l'île de Föhr (p. 6/7).
△Der Ellenbogen, ragt als schmale Halbinsel in die Nordsee.
"The Elbow" juts into the North Sea.
L'Ellenbogen s'étend comme une étroite presqu'île dans la mer du Nord.
▽Kampen gehört zu den bekanntesten Orten auf Sylt.
Kampen is certainly one of the best-known locations on the North Sea, popularized far beyond Sylt's boundaries.
Kampen est un des lieux les plus connus sur la mer du Nord.

Die Nordseeküste – konstant im Wandel

The North Sea coast – constantly changing

La côte de la Mer du Nord – en perpétuelle mutuation

Plinius der Ältere, vor 2000 Jahren an der Nordseeküste unterwegs, war beeindruckt: Das Wattenmeer sei eine »unermessliche Weite«, die zweimal täglich mit starken Strömungen vom Meer überflutet werde. Zweifelhaft sei, »ob sie zum Land oder zum Meer gehört. Dort bewohnt ein beklagenswertes Volk hohe Erdhügel.« Im Jahr 47 n. Chr. beschrieb der römische Geschichtsschreiber seine Eindrücke in der »Naturalis historia«, der ältesten schriftlichen Aufzeichnung über den Naturraum, der im Juni 2009 von der UNESCO zum Weltnaturerbe gekürt wurde, und damit eine Art Nobelpreis für Natur verliehen bekam. Das Wechselspiel der Gezeiten, von Wind und Wellen lässt hier Landschaften vergehen und entstehen, auch heute noch. So war einst die heutige Nordseeküste zu einem großen Teil Wattenmeer, ehemaliger Meeresgrund der Nordsee und Festland, immer im Wechsel.
Noch vor 12 000 Jahren war es möglich, trockenen Fußes von Deutschland nach England zu laufen, denn der Meeresspiegel lag 45 Meter tiefer. Wolf und Bär jagten über die Doggerbank, Mammut, Ur und Wollhaariges Nashorn schlenderten über die Tundra. Vor 85 000 Jahren war der gesamte Nordseeraum eine Eiswüste, bedeckt von skandinavischen Gletschern, die bis an die Mittelgebirge reichten. Sie schmolzen ab, der Meeresspiegel stieg und reichte bis an die heutige Küstenlinie. In der Weichsel-Kaltzeit sank der Meeresspiegel um 100 Meter, in der folgenden Warmzeit wurde die Nordsee wieder »geflutet«. Der Meeresspiegel stieg an, bis heute.
Die heutige Küstenform entstand vor etwa 5000 Jahren, als die Brandung eine Serie von lang gestreckten Sandbänken auftürmte, parallel zur Küste. Der Wind formte darauf ansehnliche Dünen, die von Pflanzen erobert wurden. Um die eiszeitlichen Geestkerne – alte sandige Ablagerungen der Eiszeit – von Texel, Borkum, Föhr, Amrum und Sylt legten sich Strandwälle. Hinter den West- und Ostfriesi-

Pliny the Elder, traveling the North Sea coast 2000 years ago, was impressed. The Wadden was an "infinite space", washed twice a day by powerful tides. The Roman historian pondered whether the region "belongs to the land or the sea. It is inhabited by a lamentable race dwelling on high banks of earth." Writing in the year 47 A.D., he described his impressions in "Naturalis historia," the oldest written record of this natural landscape designated a UNESCO World Heritage Site in June 2009 – and thus a kind of natural Nobel Prize winner. The interaction of the tides, wind and waves still causes landscapes to come and go today. What we know as the North Sea coastline was once in a permanent state of change, shifting from the Wadden to the North Sea bed or the mainland.
12,000 years ago it was still possible to walk dry-shod from Germany to England; the sea level was 45 meters lower than today, wolves and bears hunted over Dogger Bank and the tundra teemed with mammoths, prehistoric and woolly rhinoceros. 85,000 years ago, an ice desert covered the entire North Sea, with Scandinavian glaciers extending as far south as the Central European mountain ranges. As the glaciers melted the seas rose up to the level of today's coastline. The sea level fell by 100 meters during the Weichselian glacial period and the North Sea "flooded" once again in the subsequent warmer period; the sea level rose, and continues to do so today.
The modern coastline we see today was created around 5000 years ago, when a series of extended sandbanks were piled up parallel to the coast by the waves. The action of the winds transformed them into sizeable dunes, soon covered by vegetation. Beach ridges formed around the geestland cores of Texel, Borkum, Föhr, Amrum and Sylt, composed up of ancient, sandy Ice Age deposits. Moorlands developed behind the West and East Frisian Islands, submerged and flooded by

Il y a 2 000 ans, Pline l'Ancien, au cours d'un voyage sur la côte de la Mer du Nord, était frappé de ce que la mer des Wadden fût d'une « étendue incommensurable », inondée deux fois par jour par les forts courants maritimes. Il se demanda « si elle appartient à la terre ou à la mer. Un peuple misérable habite là, sur de hautes buttes de terre ». En 47 après J.-C., l'historien romain écrivit ses impressions dans la « Naturalis historia », œuvre qui contient la description la plus ancienne d'un espace naturel que l'UNECSO is en 2009 sur la liste du patrimoine mondial. Encore aujourd'hui, le jeu des marées, du vent et des vagues fait naître et disparaître des paysages. Ainsi, à la place de l'actuelle côte de la mer du Nord, s'étendait jadis une grande partie de la mer des Wadden, l'ancien fond de la mer et le continent alternant perpétuellement l'un avec l'autre.
Il y a 12 000 ans, on pouvait encore se rendre à pied sec d'Allemagne en Angleterre car le niveau de la mer était 45 mètres plus bas qu'aujourd'hui. Il y a 85 000 ans, l'espace de la mer du nord tout entier était un désert de glace, recouvert de glaciers scandinaves qui s'étendaient jusqu'aux régions de moyenne montagne. Puis ils se mirent à fondre, le niveau de la mer s'éleva et rejoignit la côte telle qu'elle existe actuellement. Lors de la glaciation de Weichsel, le niveau de la mer tomba de 100 mètres ; dans la période interglaciaire qui lui succéda, la mer du Nord fut de nouveau « inondée », et son niveau remonta, jusqu'à nos jours.
La configuration actuelle de la côte remonte à environ 5 000 ans, le ressac favorisant la constitution de longs bancs de

---

▷ **Friedrichstadt** ist bekannt für alte Kaufmannshäuser im holländischen Stil.
Friedrichstadt is famous for its historical Dutch-style merchants' houses.
Friedrichstadt est réputée pour ses vieilles maisons de négociants de style hollandais.

Hotel

schen Inseln entstanden Moore, die bei steigendem Meeresspiegel überspült und zugeschwemmt wurden – die Geburtsstunde des Wattenmeeres. Zwischen Watt und Geest liegt die Marsch, ihr Kennzeichen: eine geschlossene Pflanzendecke und Böden mit unterschiedlichen Schichten wie fossiles Watt, Torf-, Süß- und Brackwassersedimente, die den Wechsel zwischen Vorstößen und Rückzügen des Meeres zeigen.
Um Christi Geburt nahmen Friesen die Marsch in Besitz, bauten Warften oder Wurten, besagte Erdhügel, um sich zu schützen. 1000 Jahre später zogen die Siedler erste Dämme zwischen den Wurten, Deiche entstanden. Das Land dahinter konnte bearbeitet und entwässert werden. Torf wurde abgebaut, getrocknet und verbrannt, um Salz zu gewinnen, und dadurch die Landoberfläche um mehrere Meter tiefer gelegt – ein verheerender Fehler. 1362 brach die Marcellus-Flut ins Land, Tausende Menschen ertranken. Jadebusen und Leybucht wurden erweitert, der Dollart entstand. In den folgenden drei Jahrhunderten trafen mehrere schwere Sturmfluten die Küste, ganze Dörfer verschwanden, Buchten weiteten sich aus. Doch am schlimmsten kam es im Oktober 1634: 6200 Menschen ertranken, 1300 Häuser wurden zerstört. Pellworm und Nordstrand, Nordstrandischmoor und die Hamburger Hallig blieben vom einstigen Marschland übrig. Die Halligen dagegen entstanden aus Resten alter Marschflächen, die das Meer aufgearbeitet und neu abgelagert hat. Auch heute noch werden sie bei höherem Wasserstand bis zu 40 Mal im Jahr vom Meer überflutet. Die Menschen haben Land dazu gewonnen, Dörfer und Städte gebaut in einem Naturraum, den Katastrophen und Heimsuchungen geprägt haben – und die Psyche der Menschen auch.

◁**Die Windmühle** von Borgsum auf Föhr wurde vor wenigen Jahren neu aufgebaut.

The windmill at Borgsum on Föhr was rebuilt a few years ago.

Le moulin à vent de Borgsum sur l'île de Föhr a été reconstruit il y a quelques années.

the rising seas – the birth of the Wadden Sea. Between the Wadden and the geestland areas lie stretches of marshland; in this landscape, continuous vegetation covers stratified soils revealing layers of fossilized mud flats and peat, freshwater and brackish water sediments which document the history of the advancing and retreating seas.
Around the time of the birth of Christ, Frisians settled in the marshlands and built artificial dwelling hills known as "Warften" or "Wurten" as protection against the sea. One millennium later, the settlers constructed the first causeways between these "Wurten" to create dikes. The land behind these dikes could now be drained to create polders and used. Peat required in salt production was cut and dried for burning, causing the land to sink by several meters – a devastating mistake. Thousands drowned in 1362 when the Second St. Marcellus Flood inundated the region, causing the Jade Estuary and Leybucht to expand and creating Dollart Bay. In the following three centuries a succession of major floods swept the coast, engulfing entire villages and carving out new bay coastlines. In the worst of these in October 1634, 6200 people drowned and 1300 houses were destroyed. Only Pellworm and Nordstrand, Nordstrandischmoor and Hamburger Hallig remained of the earlier marshes. Yet the Halligen islands were also created by the sea's continuous sedimentation and erosion of fragments of ancient marshland. Even today they may flood up to 40 times a year when sea levels rise. Land has been reclaimed, villages and towns established in a natural area marked – like its inhabitants – by a succession of devastating natural disasters.

sable parallèles à la côte. Le vent les transforma en grandes dunes, envahies par les plantes. Autour des geests – dépôts sablonneux de l'ère glaciaire – de Texel, Borkum, Föhr, Amrum et Sylt, se constituèrent des bancs de sable ou de galets. Derrière les îles de Frise occidentale et orientale se formèrent des tourbières qui furent submergées par suite de l'élévation du niveau de la mer : ce fut la naissance de la mer des Wadden. Entre la mer des Wadden et le geest s'étendent les marschen (ou marais asséchés), caractérisés par une couverture très compacte de plantes et des sols constitués de couches diverses : wadden fossile et sédiments composés de tourbe, d'eau douce et d'eau saumâtre, qui témoignent des mouvements de la mer.
À l'époque de la naissance du Christ, les Frisons prirent possession des marschen, et y construisirent des « warften » ou « wurten » – les buttes de terre mentionnés ci-dessus – qui leur servaient de protection. 1 000 ans plus tard, les colons construisirent les premiers barrages entre les wurten, des digues firent leur apparition. Il fut possible de travailler le sol et de l'assécher. On exploita la tourbe, la sécha et la brûla afin d'en extraire le sel. Le niveau de la terre baissa ainsi de quelques-mètres ; cette erreur eut des conséquences dévastatrices. En 1362, la région fut submergée par les vagues d'une onde de tempête et des milliers d'habitants périrent noyés. Les baies de la Jade et de la Ley s'agrandirent et le Dollart se forma. Dans les trois siècles qui suivirent, plusieurs ondes de tempêtes touchèrent la côte, des villages entiers furent éliminés et les baies continuèrent de s'agrandir. Le pire advint en octobre 1634 : 6 200 victimes, 1 300 maisons détruites, du marschland ne restèrent que Pellworm et Nordstrand, Nordstrandischmoor et la Hallig de Hambourg. Les « Hallig » se formèrent sur les restes des anciennes surfaces des marais retravaillés par la mer et les nouveaux sédiments. Aujourd'hui encore, elles sont inondées jusqu'à 40 fois par an. Les hommes ont gagné sur la terre, construit des villages et des villes dans un espace naturel que les catastrophes et les fléaux ont profondément marqué, ainsi que l'âme des gens.

Sylt–List–Ellenbogen
Sylt–List–Ellenbogen
Sylt–List–Ellenbogen

◁**Dünen, Strand und Meer**, dazu ein azurblauer Himmel – das sind die Komponenten, die die Nordseeküste zu einer der attraktivsten Urlaubsregionen Deutschlands gemacht haben. Doch das ist nicht alles: Das Phänomen der Gezeiten lässt sich erleben. Bei Ebbe leuchtet das Wattenmeer feucht, das Meer ist weg. Ist der Himmel grau, ist es auch das Meer. Mal wiegt es sich sanft, dann wieder schäumt und tobt es gewaltig. Wind, Wellen und Strömung haben einen Naturraum geschaffen, der einmalig ist – und seit 2009 anerkannt als Weltnaturerbe der UNESCO.

Dunes, beach, sea and blue skies – all the elements that make the North Sea coast one of Germany's most attractive vacation destinations. But there's more. A chance to experience tidal movements at first hand. At ebb tide, the Wadden sparkles moistly as the water recedes. Gray skies are reflected in gray seas. Waves splash gently, or foam and tumble. Wind, waves and currents have created a unique natural area that was designated a UNESCO World Heritage Site in 2009.

Les dunes, la plage et la mer, auxquels s'ajoute l'azur du ciel – une recette qui a fait de la côte de la mer du Nord un des lieux de vacances préférés des Allemands. Mais ce n'est pas tout : le phénomène des marées est une expérience mémorable. À marée basse, la mer des Wadden est luisante d'humidité, la mer est loin. Si le ciel est gris, la mer l'est aussi. Parfois, elle se balance doucement, d'autres fois elle écume et se déchaîne furieusement. Le vent, les vagues et le courant ont créé un espace naturel unique qui figure, depuis 2009, au patrimoine mondial naturel de l'UNESCO.

Borkum, Juist
Borkum, Juist / Borkum, Juist

◁**Die Kleinbahn** verkehrt seit 1888 zwischen Reede und Inselort und ist die älteste der ostfriesischen Inselbahnen.

The island train, the oldest of East Frisia's narrow-gauge island railways, has plied the route between Reede and Inselort since 1888.

La Kleinbahn (ligne ferroviaire à voie étroite) circule depuis 1888 entre la rade et les stations de l'île. C'est la plus ancienne des voies ferrées insulaires.

◁**Der Leuchtturm** am Hafen von Juist stand früher auf der benachbarten Vogelschutzinsel Memmert.

The lighthouse at Juist harbor once stood on the neighboring bird sanctuary island of Memmert.

Le phare du port de Juist était autrefois situé sur l'îlot voisin de Memmert, zone de protection des oiseaux.

◁**Das historische Kurhaus** von 1898 , auch das »Weiße Schloß am Meer« genannt, gilt als Wahrzeichen von Töwerland.

The historical Kurhaus spa center from 1898 is also known as the "white castle by the sea" and is the main landmark of "Töwerland".

Le Kurhaus historique (établissement de cure) de 1898, également intitulé « château blanc de la mer », est l'emblème de Töwerland.

▷**Bunte Badezelte** bereichern seit dem 19. Jahrhundert das Strandleben auf Borkum.

Colorful bathing huts have enriched beach life on Borkum since the 19th century.

Des tentes balnéaires animent de leurs vives teintes, depuis le 19e siècle, la plage de Borkum.

▷**Der Musikpavillon** auf Borkum ist ein beliebter Treffpunkt für Jung und Alt.

The bandstand on Borkum is a popular meeting-point for young and old.

Le kiosque à musique de Borkum est un lieu de rencontre prisé par les gens de tout âge.

A.Berents 27
HEYEN 75
Braun 117
Braun 24

Umkleide

Norderney
Norderney Island
L'île Norderney

◁**Norderney** gilt als die »Grande Dame« unter den Ostfriesischen Inseln.

Norderney, the "grande dame" of the East Frisian Islands.

Norderney est la « grande dame » des îles de Frise orientale.

◁**Badekarren**, auch Baadkutz genannt, gibt es etwa seit 1800 auf der Insel. Man kann sich in ihnen auch trauen lassen, von Mai bis September.

Bathing-machines, known here as "Baadkutz," have been on the island since around 1800. They can even be hired for wedding ceremonies from May to September.

Des cabines à roues (« Baadkutz ») existent sur l'île depuis environ 1800. De mai à septembre, on peut se marier à l'intérieur.

▷**Die Windmühle** »Selden Rüste« (selten Ruhe) ist die einzige auf den Ostfriesischen Inseln. Sie wurde 1862 erbaut.

The windmill "Selden Rüste" (Seldom Resting) is the only one on the East Frisian Islands. It was built in 1862.

Le moulin à vent « Selden Rüste » (c.-à-d. rarement en repos) est le seul des îles de Frise orientale. Il a été construit en 1862.

▷**Das Café Marienhöhe** war einst ein Pavillon aus Holz, errichtet von der Königin Marie von Hannover zu Ehren Heinrich Heines, der auf der Anhöhe sein »Lied vom Meer« geschrieben haben soll.

Café Marienhöhe was once a wooden pavilion built by Queen Marie of Hanover in tribute to the poet Heinrich Heine, who is said to have written his "Song of the Sea" on the hill.

Le Café Marienhöhe était autrefois un pavillon en bois, édifié par la reine Marie de Hanovre en hommage à Heinrich Heine. On suppose qu'il écrivit sur cette hauteur sa « Chanson de la mer ».

Langeoog
Langeoog Island
L'île de Langeoog

◁LANGEOOG misst vom Ost- bis zum Westende nahezu elf Kilometer, den Strand mit eingerechnet sind es 14. Die Inselfläche beträgt 20 Quadratkilometer. Bis zu 20 Meter hoch ist die Dünenkette, die die Insel von der Nordsee trennt und schützt. Die 28 Meter hohe Melkhorndüne galt lange Zeit als höchste Erhebung Ostfrieslands. Der Name bedeutet lange Insel, was die Inselform ganz gut wiedergibt. Noch 1805 bestand Lange Oog aus drei Teilinseln, der Hauptinsel Westerende mit dem Inseldorf, und zwei weiteren mit einer Siedlung auf dem Osterende.

Langeoog is almost 11 kilometers long from east to west, or 14 including its beach. It has an area of 20 square kilometers. The chain of dunes that separates and protects the island from the North Sea can reach heights of 20 meters. At 28 meters, Melkhorndüne was considered to be East Friesland's highest point for many years. Langeoog's appropriate name means "long island." As late as 1805 Lange Oog was still made up of three sub-islands: the main island of Westerende with village and two further islands, with a settlement on Osterende.

Langeoog mesure d'est en ouest presque 11 kilomètres, 14 kilomètres si l'on ajoute la plage. Sa surface est de 20 kilomètres carrés. La chaîne de dunes qui sépare et protège l'île de la mer du Nord s'élève jusqu'à 20 mètres. La dune de Melkhorn, avec ses 28 mètres, fut longtemps considérée comme étant l'éminence la plus haute de Frise orientale. Le nom de Langeoog signifie « île longue », ce qui la décrit très bien. En 1805, Lange Oog était séparée en trois îles : l'île principale de Westerende (pointe de l'ouest) avec son village, et deux autres avec un hameau sur Osterende (pointe de l'est).

Baltrum und Langeoog
Baltrum and Langeoog
Baltrum et Langeoog

◁**Die bunte Inselbahn** verbindet den Hafen im Süden mit dem Ort Langeoog im Nordosten der Insel.

The colorful island railway links the harbor in the south with the village of Langeoog in the island's north-east.

Le train insulaire aux vives couleurs relie le port au sud à l'agglomération de Langeoog dans le nord-est de l'île.

◁**Strandkörbe** sind häufiger in Ortsnähe zu finden, hier am 14 Kilometer langen Strand von Langeoog.

Roofed wicker beach chairs are frequently clustered near towns – here along Langeoog's 14-kilometer beach.

Les abris de plage sont plus fréquents à proximité du village, ici sur la plage de 14 kilomètres de Langeoog.

◁**Die Fussgängerzone** ist der Mittelpunkt des Lebens auf Langeoog.

The pedestrian zone is the center of Langeoog life.

La zone piétonne est le centre vital de Langeoog.

▷**Baltrum** ist ruhig und naturnah; die kleinste der Ostfriesischen Inseln trägt den Beinamen »Dornröschen der Nordsee«.

Baltrum is tranquil and unspoilt, earning East Friesland's smallest island the name of "Sleeping Beauty of the North Sea."

Baltrum est tranquille et proche de la nature ; c'est la plus petite des îles de la Frise-Orientale, on la surnomme la « Belle au bois dormant de la mer du Nord ».

▷**Der Wasserturm** steht auf der Kaapdüne und ist das Wahrzeichen von Langeoog. Er diente einst als Trinkwasserspeicher.

The water tower on Kaap Dune, once used to store drinking water, is Langeoog's landmark.

Le château d'eau est situé sur la Kaapdüne (dune du cap). Emblème de Langeoog, il servait autrefois de réservoir d'eau potable.

85
110

21

Spiekeroog
Spiekeroog Island
L'île Spiekeroog

◁**Spiekeroog** – hier der Hauptstrand – ist durch das Verschmelzen zweier Inseln, Lütjeoog und Oldeoog, entstanden.

Spiekeroog – with main beach shown here – was created when the islands of Lütjeoog and Oldeoog were joined.

Spiekeroog – on aperçoit ici la plage principale – est née de la fusion de deux îles, Lütjeoog et Oldeoog.

◁**Auf der alten Strecke** der Inselbahn bringt heute eine Museums-Pferdebahn die Besucher zum Westende.

The island's old railway route is plied today by a historical horse-drawn tram taking visitors to the western end of the island.

Sur l'ancienne trace du chemin de fer insulaire, une antique voiture à cheval transporte les visiteurs de la gare à la pointe ouest.

▷**Die alte Inselkirche** steht mitten im Dorf. Sie wurde 1696 erbaut und ist die älteste Kirche aller Ostfriesischen Inseln.

The island church at the center of the village was built in 1696 and is the oldest church in the East Frisian Islands.

La vieille église de l'île est située au centre du village. Construite en 1696, c'est la plus ancienne des églises des îles de Frise orientale.

▷**Die Vorgärten** sind liebevoll gepflegt (rechts Mitte) sind; Tee trinken unter alten Bäumen (rechts unten): Spiekeroog besticht durch sein idyllisches Ortsbild mit zum Teil jahrhundertealten Friesenhäusern. Hier kann man die Seele baumeln lassen.

Front gardens are lavishly tended (center right), drinking tea under ancient trees (bottom right): Spiekeroog's idyllic village and Frisian-style houses, some centuries old, are enchanting and the ideal place to relax and let the world go by.

Des jardins de devant bien entretenus (à droite, au milieu), prendre le thé sous de vieux arbres (à droite, en bas) : Spiekeroog séduit par son image idyllique et ses maisons frisonnes datant parfois de plusieurs siècles. On peut ici laisser aller ses rêves.

Wangerooge
Wangerooge Island
L'île Wangerooge

◁ DER WESTTURM von Wangerooge bildet mit 56 Metern Höhe das weithin sichtbare Wahrzeichen der Insel. In den acht Stockwerken ist eine Jugendherberge untergebracht.

The West Tower on Wangerooge is 56 meters high and visible from afar. The eight floors of the island's landmark house a youth hostel.

La tour ouest (Westturm) de Wangerooge, haute de 56 mètres, est l'emblème, visible de loin, de l'île. Ses huit étages abritent une auberge de jeunesse.

◁ DAS HEUTIGE DORF wurde 1855 in der Inselmitte errichtet, nachdem schwere Sturmfluten die ehemalige Ansiedlung am Westturm zerstört hatten.

Today's village was built at the center of the island in 1855 after heavy flooding destroyed its predecessor at the West Tower.

Le village actuel a été construit au centre de l'île en 1855, après la destruction par des ondes de tempête de l'ancien hameau situé à la tour ouest.

▷ DER ALTE LEUCHTTURM wurde in den Jahren 1855 bis 1859 errichtet. Bis 1969 wies er Seeleuten den Weg. Heute dient er als Aussichtsturm, Inselmuseum und Standesamt.

The Old Lighthouse was built in the years 1855 to 1859 and guided sailors until 1969. Today it is a viewing tower, island museum and civil registry.

L'ancien phare, construit de 1855 à 1859, est resté en activité jusqu'en 1969. Il sert aujourd'hui à la fois de belvédère, de musée de l'île et de bureau d'état civil.

INSELMUSEUM
"ALTER LEUCHTTURM"

Emden – Hafenstadt mit 1200-jähriger Geschichte
Emden – Harbor town with 1200 years of history
Emden, ville portuaire au passé de 1 200 ans

▷ EMDEN liegt an der Ems nördlich des Dollart. Im alten, Ratsdelft genannten Hafen von Emden, liegt vor dem alten Rathaus das Feuerschiff »Amrumbank/Deutsche Bucht« von 1915. Zu ihm gesellen sich weitere Museumsschiffe: der Seenotrettungskreuzer »Georg Breusing« und der hölzerne Heringslogger »AEZ Stadt Bremen«. Er erinnert an die jahrhundertealte Tradition der Heringsfischerei in der 1200 Jahre alten Hafenstadt.

Emden lies on the River Ems to the north of Dollart Bay. "Amrumbank/Deutsche Bucht," a fireship from 1915 is moored in front of the old town hall in the historical harbor, accompanied by further museum ships – the lifeboat "Georg Breusing" and "AEZ Stadt Bremen," a wooden herring drifter recalling the centuries of traditional herring fishing in the 1200-year-old port.

Emden est située sur l'Ems, au nord du Dollart, un bras de la mer des Wadden. Dans l'ancien port d'Emden, nommé « Ratsdelft », est ancré le bateau-feu « Amrumbank/Deutsche Bucht » de 1915. Il est rejoint par d'autres bateaux de musée : la vedette de sauvetage « Georg Breusing » et le lougre « AEZ Stadt Bremen », qui remet en mémoire la pêche au hareng traditionnelle de cette ville portuaire, âgée de 1 200 ans.

Restaurant
Deutsche Bucht

Greetsiel – die ostfriesische Idylle
Greetsiel – East Frisian idyll
Greetsiel – un endroit idyllique de la Frise-Orientale

◁AM ORTSANFANG von Greetsiel begrüßen die Greetsieler Zwillinge die Besucher. Ähnlich zwar, aber nicht gleich alt: 1856 wurde die westliche gebaut, 1921 erst folgte die vordere Mühle. Beiden handelt es sich um zweistöckige Galleriehollánder. Beide hatten Vorgänger, die durch Sturm und Brand beschädigt und neu aufgebaut wurden. In eine Mühle ist eine Teestube nebst Galerie eingezogen, die zweite kann täglich besichtigt werden. Ganz in der Nähe starten Kanalfahrten durch die Tiefs und Kanäle der Krummhörn.

At the entrance to Greetsiel, the "Greetsiel Twins" welcome visitors. While similar, they are not the same age; while the western mill was built in 1856, the closer mill did not follow until 1921. Both are two-storey Dutch gallery windmills, and both had predecessors which were rebuilt after storm and fire damage. One mill now houses a tearoom and gallery, while the other is open to the public daily. Nearby, excursion boats weave through the channels and depths of the Krummhörn.

À l'entrée de Greetsiel, les « Jumeaux de Greetsiel » saluent les visiteurs. Ressemblants certes, mais pas de la même époque : le moulin à l'ouest fut construit en 1856, l'autre, situé au premier plan, seulement en 1921. Ils comportent tous deux une galerie et deux étages. Ils eurent aussi tous deux des prédécesseurs, détruits soit par la tempête, soit par le feu. L'un des moulins héberge un salon de thé et une galerie d'art, l'autre est réservé aux visites. Tout près se situe le lieu de départ des promenades en bateau sur les chenaux et les canaux de la commune de Krummhörn.

Greetsiel – die ostfriesische Idylle
Greetsiel – East Frislan idyll
Greetsiel – un endroit idylique de la Frise-Orientale

◁Im alten Hafen von Greetsiel liegt mit bis zu 30 Schiffen die größte Kutterflotte Ostfrieslands.

In Greetsiel's historical harbor, up to 30 cutters are moored – East Frisia's largest fleet.

Le vieux port de Greetsiel héberge jusqu'à 30 bateaux, la plus grande flottille des côtes de Frise orientale.

◁Die ältesten Bürgerhäuser Greetsiels aus dem 17. Jahrhundert flankieren den Hafen und fallen durch ihre meist glockenförmigen Giebel auf. Zum Teil wurden sie im 17. Jahrhundert nach holländischem Vorbild errichtet.

Greetsiel's oldest townhouses line the harbor, many dating from the 17th century with typical Dutch-style curved gables.

Les maisons bourgeoises les plus anciennes de Greetsiel datent du 17e siècle et entourent le port. Remarquables par leurs pignons le plus souvent en forme de cloche, la plupart furent construites sur le modèle hollandais.

▷Das Fischerdorf Greetsiel ist ein Sielort mit rund 1500 Einwohnern und liegt unmittelbar an der Leybucht an der ostfriesischen Westküste.

The fishing village of Greetsiel, with its lock, has around 1500 inhabitants and lies on Leybucht bay on the west coast of the East Frisian Islands.

Le village de pêcheurs de Greetsiel, peuplé d'environ 1 500 habitants, dispose d'une écluse. Il est situé tout près de la baie du Ley sur la côte ouest de la Frise orientale.

▷Der Pilsumer Leuchtturm ist mit elf Metern Höhe nicht groß, aber eines der bekanntesten Wahrzeichen Ostfrieslands.

Pilsum Lighthouse, while certainly not East Friesland's highest tower at only eleven meters, is one of its best-known landmarks.

Le phare de Pilsum, de 11 mètres de haut, n'est certes pas très grand mais il n'en est pas moins l'un des emblèmes les plus connus de Frise orientale.

Norddeich und Dornum
Norddeich and Dornum
Norddeich et Dornum

◁**Der Ortsteil Norddeich** von Norden, vier Kilometer von der Stadt entfernt, entwickelte sich nach 1918 von einem Fischkutterhafen zum beliebten Seebad. Doch die Fischerei ist eine wichtige Erwerbsquelle geblieben.

Although the district of Norddeich, four kilometers from the town of Norden, developed from a fishing port into a popular spa after 1918, fishing has remained an important source of revenue.

Le quartier de Norddeich, à quatre kilomètres de Norden, d'abord un port de pêche, s'est transformé après 1918 en station balnéaire. La pêche est restée cependant une importante source de revenus.

◁**Vom Strand** von Norddeich kann man bei guter Sicht bis nach Juist schauen.

The beach at Norddeich offers views of Juist in fine weather.

De la plage de Norddeich, on peut voir par temps clair jusqu'à Juist.

▷**Ein steinerner Löwe** bewacht das schmucke Wasserschloss zu Dornum, die Norderburg, inmitten eines weitläufigen Parks gelegen. Das Rokokoschloss dient heute als Realschule.

A stone lion guards the attractive moated palace of Norderburg at Dornum, set in extensive grounds. Today the rococo palace houses a school.

Un lion de pierre monte la garde à Norderburg, le joli château entouré d'eau de Dornum, situé au cœur d'un vaste parc. Le château rococo est maintenant un collège.

▷**Ein schlanker Turm** kennzeichnet das Torhaus von Schloss Dornum.

A slim turret marks the gatehouse of Dornum Palace.

Une tour élancée caractérise la porte du château de Dornum.

MY COAST WEAR
NEU230
240

Neuharlingersiel
Neuharlingersiel
Le port de Neuharlingersiel

◁Von Neuharlingersiel legt die Fähre nach Spiekeroog ab. Der idyllische Hafen mit seiner Flotte von 14 Krabbenkuttern gilt als einer der schönsten der Region und ist ein beliebtes Ausflugsziel. Neuharlingersiel ist Spiekeroogs Festlandhafen und wurde vor 300 Jahren als Fischerdorf gegründet. Die Schleuse ließ 1785 Friedrich der Große bauen. Dahinter liegt, inmitten eines Parks, der Sielhof, ein schlossähnlicher Gutshof mit Kapelle, in der auch heute noch Andachten abgehalten werden.

Neuharlingersiel is the departure point for the ferry to Spiekeroog. The idyllic harbor, with its fleet of 14 shrimp boats, is among the most attractive in the region and is a popular excursion point. Neuharlingersiel, founded 300 years ago as a fishing village, is Spiekeroog's mainland port. Its lock was commissioned by Frederick the Great in 1785. "Sielhof," a castle-like estate, stands amid parklands with a chapel where services are still held today.

C'est de Neuharlingersiel que part le ferry pour Spiekeroog. Son port pittoresque, avec sa flottille de quatorze bateaux de pêche à la crevette, compte parmi les plus beaux de la région et reste un but d'excursions très prisé. Village de pêcheurs fondé il y a 300 ans, Neuharlingersiel est le port qui relie Spiekeroog au continent. Frédéric le Grand fit construire l'écluse en 1785. Au fond se situe le Sielhof, ferme domaniale au milieu d'un parc, à l'allure de château. On vient encore aujourd'hui se recueillir dans sa chapelle.

Wilhelmshaven – die grüne Stadt am Meer

Wilhelmshaven – Green city by the sea

Wilhelmshaven – ville verte au bord de la mer

◁ **Die Südstrand-Promenade** bildet das touristische Zentrum der »Marinen Meile«.

The South Beach promenade is the tourist center of Wilhelmshaven's "Marine Mile."

La Südstrand-Promenade est le centre touristique dit du « Marinen Meile » (mille marin).

◁ **Der »Backfischkutter«** liegt im Marinehafen, direkt am Deutschen Marinemuseum. Der Lenkwaffenzerstörer »Mölders« im Hintergrund.

The "Backfischkutter" is moored in the connecting harbor at the German Naval Museum; the guided missile destroyer "Mölders" is seen in the background.

Le « Backfischkutter » est ancré dans le port de raccordement qui fait partie du port de la Marine, tout près du musée de la marine avec, en arrière-plan, son plus grand bateau : le destroyer « Mölders ».

◁ **Drei Tonnen** (Seezeichen) am Hafenamt, die im Tonnenhof gewartet werden.

Three buoys at the Hafenamt.

Trois bouées près des bureaux du port. Les signaux de ce genre sont entretenus dans les ateliers de l'administration maritime.

▷ **Der Transatlantikliner** im Hafen.

An old transatlantic liner is moored in Wilhelmshaven harbor.

Un vieux paquebot transatlantique fait escale dans le port de Wilhelmshaven.

▷ **Die Kaiser-Wilhelmbrücke** ist das Wahrzeichen Wilhelmshavens. 1905–07 erbaut, war sie damals die größte Drehbrücke Europas.

Kaiser Wilhelm Bridge is Wilhelmshaven's landmark. Built 1905–07, it was then Europe's largest swingbridge.

Le pont Kaiser Wilhelm est l'emblème de Wilhelmshaven. Construit entre 1905 et 1907, il fut à l'époque le plus grand pont tournant d'Europe.

ROTTERDAM

Kaiser Wilhelm Brücke

ETTA v.DANGAST

Dangast und Varel
Dangast and Varel
Dangast et Varel

◁DER »DEICHLOSE MEERBLICK« auf den Jadebusen ist typisch für Dangast. Als Küstenbadeort 1797 entdeckt, wurde es Anfang des 19. Jahrhunderts zum Kurbad ausgebaut.

The "dike-free sea views" over the Jade Estuary are characteristic of Dangast. Discovered as a sea bathing resort in 1797, it was extended as a spa resort in the early 19th century.

Le « panorama sur une mer sans digue » est typique de la baie de la Jade de Dangast. Découverte en 1797 comme station balnéaire, elle s'est transformée, au cours du 19e siècle, en station de cure.

◁VOM SIELHAFEN aus startet die »Etta von Dangast« zu Rundfahrten im Jadebusen.

The lock harbor is the starting-point for the "Etta von Dangast" on tours of the Jade Estuary.

Du Sielhafen (port de l'écluse), le bateau « Etta von Dangast » entreprend une excursion dans la baie de la Jade.

▷STRANDNAHE HOTELS, Pensionen und Ferienhäuser – einst Künstlerdorf, heute Fremdenverkehrsort.

Beachside hotels, guesthouses and holiday homes – Dangast has been transformed from an artists' village to a tourism center.

Hôtels, pensions, maisons de vacances – autrefois village d'artistes, Dangast s'est métamorphosé en un centre touristique.

▷DAS WAISENHAUS in Varel wurde 1669 vom Reichsgrafen Anton I. von Aldenburg gestiftet. Er legte urkundlich fest, dass bis zu 100 Waisen und arme Kinder aufzunehmen seien. Heute beherbergt es ein heilpädagogisches Kinderheim.

The orphanage at Varel was founded by Anton I of Aldenburg, Count of the Empire, in 1669.

L'orphelinat de Varel a été fondé en 1669 par le comte-prince Anton I d'Oldenburg. Le lieu abrite de nos jours un centre d'accueil de pédagogie thérapeutique pour les enfants.

Butjadingen
On Butjadingen
La presqu'île de Butjadingen

◁**Das MS »Wega II«** startet von Fedderwardersiel aus zu Ausflugsfahrten in den Nationalpark Wattenmeer und in die südliche Nordsee.

SS "Wega II" leaves Fedderwardersiel on excursion cruises to Wadden Sea National Park and the southern North Sea.

Le bateau à moteur « Wega II » part de Fedderwardersiel pour des excursions au parc national de la mer des Wadden et sur la mer du Nord méridionale.

◁**In Burhave**, das direkt am Wattenmeer liegt, steht Strandvergnügen hoch im Kurs.

Burhave, directly on the Wadden, is a haven of beach fun.

À Burhave, situé directement sur la mer des Wadden, on apprécie les plaisirs de la plage.

◁**Der Hafen** von Fedderwardersiel ist mit seinen attraktiven Krabbenkuttern ein Anziehungspunkt für ganz Butjadingen.

The harbor at Fedderwardersiel is a magnet for all of Butjadingen, with its attractive shrimp boats.

Le port de Fedderwardersiel est, avec ses bateaux de pêche à la crevette, un centre d'attraction pour toute la presqu'île de Butjadingen.

▷**Die traditionellen Backsteinhäuser** mit ihrem tief heruntergezogenen Dach aus Reet (Schilf) sind typisch für das Land.

The traditional red-brick houses with deep thatched roofs are a typical feature of the region.

Les maisons traditionnelles en briques recouvertes d'un toit de chaume sont typiques de la région.

Bremerhaven
At Bremerhaven
La ville de Bremerhaven

◁**Bremerhaven**, an der Mündung der Weser gelegen, ist mit seinem modernen Terminal einer der größten Containerhäfen der Welt. Die Stadt dehnt sich 15 Kilometer weit am Weserufer aus und ist die einzige Großstadt an der bundesdeutschen Nordseeküste. Bremerhaven bildet mit Bremen zusammen ein Bundesland; beide sind allerdings durch niedersächsisches Gebiet voneinander getrennt. Bremerhaven, ein Zentrum maritimer Industrien, besitzt außerdem den größten Fischerei- und Autoverladehafen Europas.

Bremerhaven, on the mouth of the River Weser, is one of the world's largest container ports with an ultra-modern terminal. The only major city on Germany's North Sea coast, the city extends 15 kilometers along the river. The cities of Bremerhaven and Bremen, though separated by part of Lower Saxony, constitute a German city-state. Bremerhaven is a center of maritime industries and is also Europe's largest fishing port and car terminal.

Bremerhaven, située à l'embouchure de la Weser, est, avec son terminal moderne, un des plus grands ports de conteneurs du monde. La ville s'étend sur 15 kilomètres au bord de la Weser et représente la seule ville importante d'Allemagne fédérale au bord de la mer du Nord. Bien que séparées par une partie de la Basse-Saxe, Bremerhaven et Brême forment un Land. Bremerhaven, centre d'industries maritimes, possède en outre le plus grand port européen de pêche et d'embarquement pour les voitures.

Bremerhaven
At Bremuhaven
La ville de Bremhaven

◁**Das Klimahaus mitten im Zentrum** wurde im Juni 2009 eröffnet. Es wird überragt vom Atlantik Sail City Hotel in Form eines sich aufblähenden Segels.

The Klimahaus (Climate Center) at the center of Bremerhaven was opened in July 2009. The Atlantik Sail City Hotel towers over it like a wind-filled sail.

La Klimahaus (maison du climat) au centre de Bremerhaven a été inaugurée en juin 2009. Elle est dominée par l'hôtel Atlantic Sail City en forme de voile gonflée.

◁**Vor der Strandhalle** liegt am Weserdeich die Seebäderkaje.

The Strandhalle restaurant with Seebäderkaje quay.

Devant la Strandhalle(maison de la plage) se situe le quai de la station balnéaire de la Weser.

▷**Der Leuchtturm Geestemünde** steht auf der Nordmole, wo die Geeste in die Weser mündet.

Geestemünde Lighthouse on the North Dike, where the River Geeste meets the Weser.

Le phare Geestemünde s'élève sur le môle nord, là où la Geeste se jette dans la Weser.

▷**Über Bremerhaven** wanderten von 1830 bis 1974 über 7 Millionen Menschen aus. Im Deutschen Auswandererhaus (rechts Mitte), einem interaktiven Erlebnismuseum, wurde ihnen ein Denkmal gesetzt. Die Daten und Schicksale der Auswanderer sind in der Auswandererkartei (rechts unten) archiviert.

Bremerhaven was the emigration port for over seven million people between 1830 and 1974. They are commemorated at the German Emigrants' Center.

Par Bremerhaven ont émigré plus de 7 millions de personnes entre 1830 et 1974. Avec la « Maison allemande des émigrants », un musée interactif, on leur a érigé un monument bien particulier. Les données et les destins personnels des émigrants sont archivés dans la cartothèque (à droite, en bas).

Land Wursten
At Land Wursten / Land Wursten

◁LEUCHTTÜRME, Kirchen und Kutterhäfen sind die Attraktionen der Wurster Küste zwischen Bremerhaven und Cuxhaven. Der Leuchtturm »Kleiner Preuße« steht seit 2005 wieder am Wremer Tief. Es ist ein Nachbau, in preußischen Farben gestrichen, zehn Meter hoch und damit der kleinste an der Nordseeküste.

Lighthouses, churches and cutter harbors are the attractions along the Wursten coast between Bremerhaven and Cuxhaven. The "Little Prussian" lighthouse was replaced at Wremer Tief in 2005 – only 10 meters high, this replica painted in Prussia's colours is the smallest lighthouse on the North Sea coast.

Les phares, les églises et les ports de pêche constituent les attractions de la côte de Wursten, entre Bremerhaven et Cuxhaven. Depuis 2005, le phare « Petit Prussien » s'élève de nouveau sur le Wremer Tief. Réplique de l'ancien, peint aux couleurs de la Prusse, il est avec ses 10 mètres le plus petit phare de la mer du Nord.

◁DIE ST.-URBANUS-KIRCHE in Dorum ist eine der Hauptkirchen im Land Wursten. Ihre ältesten Teile wurden im 13. Jahrhundert errichtet, Altar und Kanzel im 17. Jahrhundert geschaffen.

St. Urbanus Church in Dorum is one of the main churches in Land Wursten, with parts dating back to the 13th century. The altar and pulpit were built in the 17th century.

L'église Saint-Urbain à Dorum est une des églises principales de la région du Land Wursten. Les parties les plus anciennes datent du 13e siècle, l'autel et la chaire du 17e siècle.

▷ZU DORUM gehört der Sielhafen Dorum Neufeld mit zahlreichen Kuttern, aber auch die Kurverwaltung mit Nationalparkhaus, Restaurant und Wellenbad.

Dorum also includes the lock harbor of Dorum Neufeld, crammed with cutters, and the spa center with National Park center, restaurant and wave pool.

Font partie de Dorum le port de Dorum Neufeld avec ses nombreux bateaux de pêche, et aussi la Kurverwaltung (centre de cure) avec la maison du parc national, restaurant et piscine à vagues.

DOR 1

235
223
203
212

Cuxhaven
At Cuxhaven
La ville de Cuxhaven

◁DIE »HERMINE«, ein alter Gaffelschoner aus Holz, liegt am Schleusenpriel in einer Grünanlage mitten in der Cuxhavener Innenstadt und kann dort besichtigt werden.

"Hermine", an old wooden fore-and-aft schooner, is moored at Schleusenpriel in a park in the center of Cuxhaven. It is open to the public.

L' « Hermine », une vieille goélette en bois, repose au chenal de l'écluse sur un espace vert dans le centre de Cuxhaven. On peut la visiter.

◁MIT DEM PFERDEFUHRWERK über den Meeresgrund nach der Insel Neuwerk zu fahren ist ein einmaliges Erlebnis.

A horse-drawn carriage ride over the sands to the island of Neuwerk is a unique experience.

En voiture à cheval sur le sol marin vers l'île de Neuwerk : une expérience unique !

▷DIE KUGELBAKE wurde 1703 zum ersten Mal errichtet. Als Seezeichen markiert sie den Übergang von der Elbe ins Meer und ist das Wahrzeichen Cuxhavens.

The first "Kugelbake" was built in 1703. The sea mark, which designates the point where the River Elbe joins the sea, is Cuxhaven's landmark.

La Kugelbake a été construite une première fois en 1703. Signal maritime, elle indique le passage de l'Elbe à la mer et est l'emblème de Cuxhaven.

▷AN DER »ALTEN LIEBE« grenzt der Hafen ans Elbfahrwasser. Auf Stein wurde ein zweistöckiger Pfahlbau errichtet mit einer Galerie, von der Besucher »Pötte kieken« können.

"Alte Liebe" (Old Love) marks the point where the harbor meets the Elbe. Visitors can watch ships pass from the platform of the two-storey stone building.

L'« Alte Liebe » fixe la limite entre le port et le chenal de l'Elbe. C'est une construction de pierre sur pilotis, à deux étages avec galerie d'où les visiteurs peuvent observer les bateaux.

Neuwerk
At Neuwerk / L'île de Neuwerk

◁ NEUWERK gehört zusammen mit der Vogelschutzinsel Scharhörn zum Nationalpark Hamburgisches Wattenmeer. Die Marscheninsel ist per Schiff, zu Fuß bei Ebbe oder mit Pferdefuhrwerk erreichbar. Neuwerk gehört seit 1204 zur Hansestadt Hamburg, zwischenzeitlich zu Cuxhaven, seit 1969 wieder zu Hamburg. Im 15. Jahrhundert hatte Klaus Störtebeker mit seiner Seeräuberbande hier sein Quartier aufgeschlagen.

Neuwerk and Scharhörn bird sanctuary are part of the Hamburg Wadden Sea National Park. The lush, marshy island can be reached by boat, on foot at low tide or by horse and cart. Originally owned by the Hanseatic city of Hamburg from 1204, Neuwerk belonged to Cuxhaven in the interim before reverting to Hamburg in 1969. Klaus Störtebeker and his band of privateers stayed here in the 15th century.

Aver l'île de Scharhörn, une réserve des oiseaux Neuwerk fait partie du parc national de la Mer des Wadden de Hambourg. L'île se rejoint par bateau, ou à pied à marée basse ou encore en voiture à cheval. À partir de 1204, Neuwerk fit partie de la ville hanséatique de Hambourg, puis de Cuxhaven, avant de revenir à Hambourg en 1969. Au 15e siècle, Klaus Störtebeker et sa bande de pirates y avaient élu leur quartier général.

Büsum
On Büsum / La ville de Büsum

◁ **Büsum**, einst eine Insel im Wattenmeer, ist als Nordseeheilbad anerkannt und bekannt für seinen »grünen Strand« am Wattenmeer.

Büsum, once an island in the Wadden off the coast of Dithmarschen, is a recognized North Sea spa resort and famous for its "green beach" on the Wadden Sea.

Büsum, autrefois une île de la mer des Wadden devant la côte de Dithmarschen, est une station thermale reconnue de la mer du Nord ; sa « plage verte » sur la mer des Wadden est célèbre.

◁ **Die Fussgängerzone** mit ihren Geschäften und Boutiquen hinterm Deich lädt zum Verweilen und Bummeln ein.

The pedestrian center directly behind the dike invites strollers and browsers to explore its stores and boutiques.

La zone piétonne située directement derrière la digue avec ses magasins et boutiques, invite à s'attarder et à flâner.

◁ **Der kleine** Fischerei-, Museums- und Seezeichenhafen und damit verbunden die Krabbenfischerei prägen maßgeblich das Ortsbild des Seebades Büsum.

The small fishing harbor with museum, buoys and sea marks, and its shrimp fishing industry have shaped the appearance of the resort.

Un petit port de pêche à la crevette, de signaux maritime et aussi port-musée, tous ces éléments caractérisent la station balnéaire de Büsum.

▷ **Der Leuchtturm Büsum** steht in der Nähe des Hafens nahe am Zentrum. Er ist auch heute noch in Betrieb und wird von Tönning aus ferngesteuert.

Büsum Lighthouse is near the harbor and close to the center. Still in operation, it is remote-controlled from Tönning.

Le phare de Büsum se trouve à proximité du port et du centre-ville. Télécommandé de Tönning, il est toujours en activité.

Helgoland
On Heligoland
L'île d'Helgoland

◁HELGOLAND, eines der legendärsten Ausflugsziele an der Nordseeküste, entstand vor 40 Millionen Jahren, als sich Kalk-, Kreide- und Sandsteinschichten aus der Nordsee hoben. Die »Lange Anna«, ein einzeln stehender Felsen an der äußersten Inselspitze, ist das Wahrzeichen Helgolands und Brutplatz für Dreizehenmöwen und Trottellummen.

Heligoland, one of the most legendary excursion destinations on the North Sea coast, was created 40 million years ago when strata of limestone, chalk and sandstone were flung up into folds from the sea bed. "Lange Anna," a single upright rock on the island's tip, is Heligoland's landmark and a breeding-place for kittiwakes and guillemots.

Helgoland, un des lieux d'excursion légendaires de la mer du Nord, s'est formée il y a 40 millions d'années, quand des strates de calcaire, de craie et de grès sont sorties de la mer du Nord. La « Lange Anna » (Longue Anne), un rocher solitaire à la pointe extrême de l'île, est l'emblème d'Helgoland. Elle constitue aussi une aire de nidification pour les mouettes tridactyles et les guillemots de Troïl.

HAFENECK
DE SMUTTERBUUD
DE TIINERBUUD

Helgoland
On Heligoland
L'île d'Helgoland

◁ **Die Insel Düne** liegt etwa einen Kilometer von der Hauptinsel entfernt. Bis 1721 war sie mit ihr durch einen natürlichen Damm verbunden.

The island of Düne, around one kilometer from the main island, was connected to it by a natural causeway until 1721.

L'île de Düne est située à un kilomètre environ de l'île principale. Une digue naturelle les a reliées jusqu'en 1721.

◁ **Die farbigen Hummerbuden** aus Holz flankieren den Hafen. Einst Lager- und Werkstätten der Fischer Helgolands, bilden sie heute das kulturelle Zentrum.

Colorful wooden lobster booths line the harbor. Once used as stores and workshops by the island's fishers, today they are its cultural center.

Les « cabanes à homard » (Hummerbuden) en bois de toutes les couleurs entourent le port. Autrefois dépôts ou ateliers des pêcheurs d'Helgoland, elles en forment aujourd'hui le centre culturel.

▷ **Seebäderschiffe**, die Helgoland anlaufen, ankern in der Südreede. Alle Besucher müssen auf Börteboote umsteigen, werden also ausgebootet. Kehren sie zum Schiff zurück, nennt man das einbooten.

Cruise ships dock in Heligoland's South Harbor. Passengers must disembark and are ferried to the island in tender-boats, returning the same way.

Les paquebots à destination d'Helgoland jettent l'ancre dans la rade du sud. Tous les visiteurs doivent changer pour des Börteboote (barques), ils sont alors débarqués. Quand ils retournent au bateau, cela s'appelle embarquer.

▷ **Kegelrobben** haben vor 20 Jahren die Düne als Rastplatz wieder erobert. Mehr noch: In den Wintermonaten bringen sie dort ihren Nachwuchs zur Welt.

Gray seals reconquered the dune as their territory twenty years ago. They give birth to their young here in the winter months.

Les phoques gris ont reconquis la dune comme aire de repos il y a 20 ans. C'est ici qu'en hiver ils mettent au monde

Eiderstedt – eine Halbinsel
Eiderstedt Peninsula
Eiderstedt – une presqu'île

◁**Das Eidersperrwerk** ist das größte deutsche Küstenschutzbauwerk. Es wurde von 1967–1973 im Süden der Halbinsel Eiderstedt an der Mündung der Eider im Wattenmeer errichtet, zum Schutz vor Sturmfluten der Nordsee. Im fünf Kilometer langen Staudamm mit seinen fünf jeweils 40 Meter breiten Schotten strömt das Wasser gemäß den Gezeiten ein und aus. Bei Sturmfluten werden die Schotten hingegen geschlossen. Durch das Sperrwerk führt ein 263 Meter langer Tunnel.

The Eider Dam is Germany's largest coastal barrage, built from 1967-1973 in the south of Eiderstedt peninsula where the River Eider meets the Wadden Sea. The five-kilometer dam, with five floodgates each 40 meters wide, protects the coast from North Sea storm tides; the waves flow unimpeded when tides are normal, but the floodgates are closed when storm tides approach. A 263-meter tunnel runs through the barrage.

Le barrage d'Eider est la plus grande construction de protection côtière en Allemagne. Il fut construit de 1967 à 1973 à l'embouchure de l'Eider dans la mer des Wadden afin de protéger des ondes de tempête de la mer du Nord. L'eau afflue ou se retire, selon les marées, dans ce barrage long de cinq kilomètres comportant des portes d'écluse de 40 mètres de large. En cas d'onde de tempête, les portes sont fermées. Un tunnel de 263 mètres parcourt le barrage.

Eiderstedt – eine Halbinsel
Eiderstedt Peninsula
Eiderstedt – une presqu'île

◁Der »Rote Haubarg« bei Witzwort, erbaut 1647, ist das bekannteste historische Gebäude seiner Art. Das typische Bauernhaus der Halbinsel Eiderstedt hatte alles unter einem Dach: Vieh, Gesinde und Herrschaft.

The Red "Haubarg" ("farmhouse") at Witzwort, built in 1647, is the most famous historical building of its kind. A typical farmhouse of the Eiderstedt peninsula, it housed everything under one roof: livestock, farm hands and masters.

Le « Rote Haubarg » près de Witzwort, construit en 1647, est le plus connu des bâtiment historiques de ce type. La ferme typique de la presqu'île d'Eiderstedt hébergeait, sous un même toit, le bétail, les valets de ferme et les maîtres.

◁Der Tümlauer Jachthafen liegt landschaftlich reizvoll an der Tümlauer Bucht.

The yacht harbor at Tümlauer Bay.

Le port de plaisance de Tümlau est situé dans le paysage attrayant de sa baie.

◁Für Drachenpiloten ist der Ordinger Strand ein Muss. An drei Tagen im August messen sie ihr Können bei Flugshows.

Kite flyers flock to the beach at Ording. At the three-day kite festival in August they can show off their prowess and creativity.

Pour les libéristes la plage d'Ording est un « must ». Trois jours durant en août, ils mesurent leurs talents au cours de divers shows et présentent toutes sortes de deltaplanes.

▷Für Friesenhäuser typisch: der Giebel über dem Eingangsbereich. Bei einem Brand verhindert er, dass brennendes Reet vom Dach fällt.

Typical of Frisian houses is the gable above the entrance, preventing burning thatch from falling on the fleeing inhabitants in case of fire.

Élément typique des maisons frisonnes: le pignon au-dessus de l'entrée. En cas d' incendie, il empêche la chute du chaume sur les habitants en fuite.

St. Peter-Ording
On St. Peter-Ording
Sankt Peter-Ording

▷ **Der erste Pfahlbau** wurde 1911 am Strand von St. Peter-Ording errichtet. Er stand nur kurz und wurde ein Opfer der Flut. Die derzeit sechs größeren Pfahlbauten auf dem zwölf Kilometer langen Strand sind zum Wahrzeichen geworden. Einst dienten sie als Umkleidekabinen, heute sind darin Toiletten, Badeaufsicht und Restaurants untergebracht.

The first stilt house on St. Peter-Ording beach, built in 1911, was soon destroyed by the tides. The six stilt houses currently on the 12-kilometer beach are local landmarks; once changing-huts for bathers, today they house restrooms, lifeguards' offices and restaurants.

La première maison sur pilotis fut construite en 1911 sur la plage de Sankt Peter-Ording. Mais, victime des marées, son existence fut de courte durée. Actuellement, les six plus grandes maisons sur pilotis situées sur cette plage de 12 kilomètres sont devenues emblématiques. Autrefois utilisées comme cabines de bain, on y trouve maintenant des toilettes, la surveillance des plages et des restaurants.

Friedrichstadt und Tönning
Friedrichstadt and Tönning
Friedrichstadt et Tönning

◁ Mit seinen Kaufmannshäusern am Marktplatz und Grachten mutet Friedrichstadt an der Treene sehr holländisch an.

With its merchants' houses lining the market square and its canals, Friedrichstadt on the Treene is reminiscent of Holland.

Ses maisons de négociants sur la place du marché et ses canaux donnent un petit air hollandais à Friedrichstadt sur la Treene.

◁ Das Seepferdchen ist überaus selten und die Attraktion im Multimar Wattforum in Tönning mit seinen zahlreichen Schauaquarien. Es stammt aus dem Beifang eines Fischers, direkt aus dem Wattenmeer.

Sea-horses are extremely rare and the main attraction of the aquariums at Multimar Wattforum in Tönning. This one was caught by a fisher on the Wadden Sea.

L'hippocampe, extrêmement rare, est l'attraction principale de l'aquarium « Multimar Wattforum » de Tönning avec ses nombreuses vitrines. Il provient de la prise d'un pêcheur dans la mer des Wadden.

▷ Den Hafen von Tönning mit seiner hölzernen Ziehbrücke umgibt ein romantisches Flair. Auch heute noch stechen von hier aus einige Krabbenkutter in See.

Romantic Tönning harbor, with its wooden drawbridge. Shrimp cutters still put to sea here.

Le port de Tönning avec son pont-levis en bois ne manque pas de romantisme. Aujourd'hui encore, quelques bateaux vont pêcher la crevette.

▷ Landestypisch sind die traditionellen Backsteinhäuser, hier mit einer farbig verzierten Tür.

Typical architecture of the region: traditional brick houses, here with colorfully decorated door.

Typiques de la région sont les maisons de briques, ici avec une porte au décor coloré.

Husum
On Husum / Husum

◁▷ **Die Krokusblüte** rund um das »Schloss vor Husum« (rechte Seite unten das Torhaus) ist einmalig. Über vier Millionen Blüten von »Crocus neapolitanus« sorgen alljährlich für das lila Wunder des Nordens im Schlosspark.

The crocuses around "Husum Castle" (bottom right: the gatehouse) are a unique spectacle; over four million "Crocus neapolitanus" bloom every year, a tide of lilac in this northern park.

La floraison des crocus autour du « château de Husum » est unique (page de droite en bas la maison de porte). Plus de quatre millions de fleurs de « crocus neapolitanus » produisent tous les ans un miracle violet du Nord dans le parc du château.

▷ **Der Tidehafen** im Zentrum mit seiner historischen Häuserreihe prägt das Ortsbild.

The tidal harbor in the center, with its rows of historical houses, is the town's focal point.

Le Tidehafen (port ouvert sur la mer) et sa rangée de maisons historiques, caractérise le centre de la localité.

▷ **Am Marktplatz** steht der Asmussen-Woldsen-Brunnen, benannt nach zwei Wohltätern der Stadt: August Friedrich Woldsen und seine Cousine Catharine Asmussen, die »Tine«. Als bronzene Fischersfrau mit Holzschuhen schmückt sie den Brunnen.

The market square houses the Asmussen-Woldsen Fountain, named after two of the town's benefactors - August Friedrich Woldsen and his cousin Catharine Asmussen, known as "Tine" and depicted as a bronze fisherwoman shod with clogs.

Sur la place du marché trône une fontaine (l'Asmussen-Woldsen-Brunnen), ainsi nommée d'après deux bienfaiteurs de la ville : August Friedrich Woldsen et sa cousine Catharine Asmussen, la « Tine ». Elle est représentée en femme de pêcheur en bronze, portant des sabots.

DOM

Nordstrand und Pellworm
Nordstrand and Pellworm
Nordstrand et Pellworm

◁ **Per Pferdekutsche** kann man die Halbinsel Nordstrand umrunden.

Horse-drawn carts take visitors on a tour of Nordstrand peninsula.

C'est en calèche que l'on peut faire le tour de la presqu'île de Nordstrand.

◁ **Die evangelische Kirche** St. Vinzenz steht auf einer Warft, überstand daher als einzige von 22 Kirchen auf Alt-Nordstrand die verheerende Buchardiflut von 1634.

The Protestant church of St. Vincent stands on a mound and was the only church out of 22 on Old Nordstrand to survive the devastating Buchardi Floods of 1634.

L'église protestante de Saint- Vincent s'élève sur un warft, et fut pour cette raison, la seule parmi 22 églises à être épargnée par l'onde de tempête catastrophique de 1634.

▷ **Im »Pharisäerhof«** im Elisabeth-Sophien-Koog wurde 1871 der »Pharisäer« erfunden.

"Pharisäerhof" at Elisabeth-Sophien-Koog is credited with the invention of the "Pharisäer" (coffee with rum and cream) in 1871.

Au « Pharisäerhof » fut inventé en 1871 le « Pharisäer » (cocktail de café, sucre, rhum et crème).

▷ **Die Nordermühle** im Norderkoog.

Nordermühle Mill at Norderkoog.

La « Nordermühle » dans le Norderkoog.

▷ **Wahrzeichen** der Insel Pellworm ist die mittelalterliche, Turmruine der Alten Kirche, die 1611 in sich zusammenstürzte wegen des zu weichen Wattbodens.

The landmark of the island of Pellworm is the ruined medieval tower of the slate-roofed Old Church; built on soft sand, it collapsed in 1611.

L'emblème de l'île de Pellworm est la ruine de la tour en briques de l'église ancienne médiévale.

Pellworm
At Pellworm / L'île Pellworm

◁▷ Pellworm liegt wegen massiven Torfabbaus etwa einen Meter unter Normalnull und muss daher entwässert werden.

Pellworm is around one meter below sea level as a result of extensive peat-cutting, and requires permanent drainage.

Pellworm est, en raison de l'exploitation massive de la tourbe, située à environ un mètre au-dessous du niveau de la mer, ce qui exige un drainage.

◁ Ein acht Meter hoher und 25 Kilometer langer Deich schützt die ganze Insel. Da es keinen Sandstrand gibt, stehen Strandkörbe am Deich.

The island is protected by a dike eight meters high and 25 kilometers long, which also serves as a home for beach chairs since there is no sandy beach.

Une digue haute de 8 mètres et longue de 25 kilomètres protège toute l'île. Comme il n'existe pas de plage de sable, les abris de plage sont sur la digue.

▷ Der Pellwormer Leuchtturm von 1906 ist 38 Meter hoch und kann besichtigt werden.

Pellworm Lighthouse was built in 1906 and is 38 meters high. It is open to the public.

Le phare de Pellworm date de 1906. Il est haut de 38 mètres et on peut le visiter.

Halligen – Perlen der Nordsee
Halligen – North Sea Jewels
Les Hallig – Perles de la mer du Nord

◁**Süderoog** im schleswig-holsteinischen Wattenmeer ist eine von insgesamt zehn Halligen, Überbleibseln des in Sturmfluten untergegangenen Festlandes. Halligen sind nicht eingedeicht, werden also bei starken Fluten überspült. Die Häuser stehen deshalb allesamt auf aufgeschütteten Hügeln, den Warften, und sind umgeben von Salzwiesen, auf denen salztolerante Pflanzen wachsen.

Süderoog in the Wadden Sea at Schleswig-Holstein is one of ten islands known as "Halligen," remnants of mainland that was submerged by storm tides. They are not protected by dikes and are flooded at high water. All buildings are therefore sited on mounds called "Warften" and surrounded by salt marshes with vegetation that thrives in the saline conditions.

Süderoog, située dans la mer de Wadden du Schleswig-Holstein, est une de dix « Hallig », restes de continent englouti dans des ondes de tempête. Les Hallig ne sont pas protégées par des digues et sont donc submergées lors de fortes marées. Toutes les maisons sont construites sur des collines artificielles, les « warften », et sont entourée de prés salés sur lesquels poussent des plantes adaptées au milieu salin.

Halligen – Perlen der Nordsee
Halligen – North Sea Jewels
Les Hallig – Perles de la mer du Nord

◁Hallig Hooge mit einer typischen Ferienpension. Auf der zweitgrößten Hallig leben 135 Menschen auf neun Warften.

Hallig Hooge with a typical holiday guesthouse. The second largest Hallig has a population of 135 on nine "Warften."

La Hallig Hooge avec une pension de famille typique. La deuxième plus grande des Hallig compte 135 habitants sur neuf « Warften ».

◁Pferdekutschen transportieren auf Hallig Hooge Besucher und Gepäck.

Horse-drawn carts transport visitors and luggage on Hallig Hooge.

Les diligences transportent sur la Hallig Hooge les visiteurs et leurs valises.

◁Der »Königspesel« ist die »Gute Stube« auf der Hanswarft, errichtet 1776 von Kapitän Tade Hans Bandix, einem leidenschaftlichen Sammler. König Friedrich VI. von Dänemark übernachtete hier, daher der Name.

The "Königspesel" (King's Parlor) on Hanswarft was built in 1776 by Captain Tade Hans Bandix, a fanatical collector. Frederick VI of Denmark stayed here, giving the room its name.

Le « Königspesel » construit en 1776 par le capitaine Tade Hans Bandix sur le Hanswarft doit son nom au roi Frédéric VI de Danemark qui y passa la nuit.

▷Die Ockenswarft im Südosten der 560 Hektar großen Hallig Hooge.

Ockenswarft in the south-east of Hallig Hooge, which has an area of 560 hectares.

L'« Ockenswarft » au sud-est de la Hallig Hooge, îlot de 560 hectares.

▷Die Hallig Südfall wurde einst bewirtschaftet, heute gehört sie zum Weltkulturerbe Wattenmeer.

Südfall Hallig was once a working farm; today it is part of the Wadden Sea World Heritage Site.

La Hallig Südfall autrefois exploitée, fait aujourd'hui partie du patrimoine mondial de la mer des Wadden.

Halligen – Perlen der Nordsee
Halligen – North Sea Jewels
Les Hallig – Perles de la mer du Nord

◁ Auf der Kirchwarft von Hallig Hooge wurde diese Kirche 1637 aus Überresten einer älteren Kirche gebaut, die 1634 in den Fluten unterging.

The "Kirchwarft" on Hallig Hooge was built in 1637 on the ruins of an earlier church destroyed by flooding in 1634.

Le « Kirchwarft » de la Hallig Hooge fut construit en 1637 en utilisant les vestiges d'une vieille église engloutie en 1634 par les flots.

▷ Die Hallig Oland hat einen kleinen Hafen und eine einzige Warft mit 15 Häusern und einer Kirche.

Oland Hallig has a small harbor and a single "Warft" with 15 houses and a church.

La Hallig Oland possède un petit port et un unique warft avec 15 maisons et une église.

▷ Eine Lore unterwegs auf dem 15 Kilometer langen Lorendamm. Er führt von Dagebüll über die Hallig Oland zur Hallig Langeneß. Halligbewohner befahren den Damm mit Loren Marke Eigenbau.

A rail car on the 15-kilometer causeway from Dagebüll and Oland Hallig to Langeness Hallig. Hallig inhabitants travel the causeway in home-made cars.

Un wagonnet sur la digue de 15 kilomètres qui mène de Dagebüll à la Hallig Langeness en passant par la Hallig Oland. Les habitants utilisent des wagonnets qu'ils fabriquent eux-mêmes.

Föhr – die »Grüne Insel«
Föhr – the "Green Island"
Föhr – l'« île verte »

◁▷ St. Johannis (rechts unten) in Nieblum ist die größte der drei Pfarrkirchen Föhrs. 1240 erstmals urkundlich erwähnt, ist sie reichhaltig ausgestattet. Neben dem Taufstein (12. Jh.) fällt der prächtige geschnitzte Altar ins Auge (links oben).

St. Johannis (bottom right) at Nieblum is the largest of Föhr's three churches. First mentioned in 1240, it has a richly decorated interior with a 12th-century font and magnificent carved altar (top left).

Saint-Jean (à droite, en bas) à Nieblum, est la plus grande des trois églises paroissiales de Föhr. Mentionnée pour la première fois en 1240, elle se distingue par un baptistère du 12e siècle et un magnifique autel en bois sculpté (en haut, à gauche).

◁ Die Föhrer Tracht lebt vom Kontrast zwischen heller Schürze und dunklem Tuch. Der filigrane Brustschmuck aus Silber besteht aus zwölf Knöpfen und einer mehrgliedrigen Hakenkette.

In the traditional Föhr costume white aprons gleam against the dark dresses. The filigree silver breastplates are made of twelve buttons linked by chains.

Le costume traditionnel de Föhr se distingue par le contraste entre un tablier blanc et une étoffe sombre. Le bijou pectoral d'argent en filigrane se compose de douze boutons et d'une chaîne à multiples maillons.

◁ Das reetgedeckte Pastorat von 1732 beherbergt heute ein Restaurant.

The thatched vicarage dates from 1732. It is now a restaurant.

Le presbytère de 1732, recouvert de chaume, est aujourd'hui un restaurant.

▷ Die Skyline von Föhr auf der Südseite lässt den höher gelegenen, zum Teil bewaldeten Geestrücken erkennen. Weitere zwei Drittel der Insel sind Marschland.

The skyline of Föhr's southern side shows the partly forested geest ridge. Marshland covers two-thirds of the island.

Le panorama de Föhr au sud laisse entrevoir l'arrière de la geest. Les deux tiers de l'île sont constitués de marschen.

Amrum – Natur pur
Amrum – Nature pure and simple
Amrum – La nature à l'état pur

◁ Der Kniepsand auf der Westseite von Amrum ist besonders eindrucksvoll, nimmt er doch allein ein Drittel der gesamten Inselfläche ein. Einst war der Sand der Insel vorgelagert. Bis in die 1960er-Jahre hinein trennte ein Priel ihn von der Insel. Derzeit reicht er bis an den Fuß der Dünen, allerdings rechnen Experten damit, dass der Kniepsand in einigen Jahrhunderten um die Nordspitze von Amrum herumwandern wird.

"Kniepsand" on the western side of Amrum takes up one-third of the island's area. This sandy beach was separated from the island by a tideway into the 1960s. It currently extends to the foot of the dunes; however, experts predict that in a few centuries the beach will move around the northern tip of Amrum.

Le Kniepsand à l'ouest d'Amrum impressionne par son étendue – un tiers de l'île. Autrefois, ce banc de sable se trouvait devant l'île et, jusque dans les années 1960, séparé d'elle par un petit chenal. Il monte maintenant jusqu'au pied des dunes. Les experts prédisent néanmoins que le Kniepsand se déplacera autour de la pointe nord d'Amrum au cours des siècles à venir.

Amrum
On Amrum / Amrum

◁**Steenodde**, das kleinste Amrumer Dorf, liegt direkt am Wattenmeer.

Steenodde, Amrum's smallest village, is directly on the Wadden Sea.

Steenodde, le plus petit village d'Amrum, se situe directement sur la mer des Wadden.

◁**Die St.-Clemens-Kirche**, erbaut um 1200, stand schon lange, bevor sich der Ort Nebel um sie herum entwickelte. Berühmt ist der Friedhof mit seinen geschützten Grabsteinen, die zum Teil aus dem 17. Jahrhundert stammen.

St. Clemens' Church, built around 1200, long predates the village of Nebel which surrounds it. Some of the heritage-protected gravestones in the famous cemetery date from the 17th century.

L'église Saint-Clément, construite vers 1200, bien avant que la localité de Nebel ne se développe autour d'elle. Le cimetière est réputé pour ses pierres tombales – protégées – qui datent en partie du 17e siècle.

◁**Die Nebeler Mühle** von 1771 steht am Ortseingang. Bis in die 1960er-Jahre hinein war sie betriebsfähig, heute beherbergt sie ein Heimatmuseum.

Nebel Mill at the entrance to the village dates from 1771. It ceased operation in the 1960s and today houses a local-history museum.

Le moulin de Nebel, qui date de 1771, se dresse à l'entrée de la localité. Il est resté en activité jusque dans les années 1960. Il abrite aujourd'hui un musée régional.

▷**Die Odde**, die Nordspitze von Amrum, ist seit 1936 als Natur- und Seevogelschutzgebiet geschützt.

The Odde, the northern tip of Amrum, has been a nature reserve and seabird sanctuary since 1936.

L'Odde, la pointe nord d'Amrum, est un site protégé depuis 1936 en tant que réserve naturelle d'oiseaux marins.

Sylt – die größte Nordseeinsel
Sylt – the North Sea's largest island
Sylt – la plus grande île de la mer du Nord

◁Der markante schwarz-weisse Leuchtturm von Kampen steht seit 1855 auf der hohen Geest südlich des Ortes.

The black and white lighthouse at Kampen was built on the high geest ridge in 1855.

Le phare de Kampen se dresse depuis 1855 sur le haut geest au sud de la localité.

◁Das »Rote Kliff« bei Kampen entstand vor 120 000 Jahren während der Saale-Vereisung. Gletscher hinterließen mächtige Schuttmassen, die in der Nacheiszeit vom Meer abgetragen wurden. Eine Steilküste von 52 Metern Höhe entstand.

The "Red Cliffs" at Kampen were formed 120,000 years ago during the Saale Ice Age. Vast glacial deposits were eroded by the sea in the post-glacial period.

La « falaise rouge » près de Kampen s'est formée il y a 120 000 ans pendant la glaciation de la Saale. Les glaciers laissèrent d'énormes masses d'éboulis que la mer transporta dans la période postglaciaire. Il en résulta une falaise de 52 mètres de haut.

▷Ein Friesenhaus am Naturschutzgebiet »Braderuper Heide«, Wenningstedt.

A Frisian house at "Braderuper Heide" nature reserve, Wenningstedt.

Une maison frisonne sur la réserve naturelle « Braderuper Heide » de Wenningstedt.

▷Der Strand vor Wenningstedt

Wenningstedt beach is accessible by a wooden walkway to protect the dune landscape.

La plage de Wennigstedt n'est accessible que par une passerelle en bois afin de ménager les dunes.

▷Der reetgedeckte Sölring Hof in Rantum steht direkt an der von Sturmfluten bedrohten Düne.

Thatched Sölring Hof at Rantum lies directly at the edge of the flood-endangered dunes.

La ferme Sölring est située directement sur une dune menacée par les ondes de tempête.

Sylt – die größte Nordseeinsel
Sylt – the North Sea's largest island
Sylt – la plus grande île de la mer du Nord

◁**Der Leuchtturm** von Hörnum steht auf einer 16 Meter hohen Düne und überragt mit seinen 34 Metern Höhe den Süden der Insel Sylt.

Hörnum lighthouse, 34 meters high, stands on a 16-meter dune and towers over Sylt's southern tip.

Le phare de Hörnum est situé sur une dune de 16 mètres de hauteur ; il domine, avec ses 34 mètres, le sud de Sylt.

◁**Der Haarhoog** in Keitum, ein Steingrab aus der Steinzeit, zeugt von der Besiedlung der Insel vor Jahrtausenden.

Haarhoog in Keitum, a Neolithic tomb, documents the island's settlement millennia ago.

Le Haarhoog de Keitum, un tumulus du néolithique, témoigne du peuplement de l'île depuis des milliers d'années.

◁**Der Turm** der Kirche St. Severin diente einst als Seezeichen und Gefängnis. Die Kirche, 1240 erstmals urkundlich erwähnt, steht in Keitum abseits auf der höchsten Erhebung des Sylter Geestkerns.

The church tower of St. Severin's once served as a daymark and prison. First mentioned in 1240, the church is in Keitum on the highest point of Sylt's geest core.

La tour de l'église Saint-Séverin servait autrefois de signal maritime et de prison. Mentionnée pour la première fois en 1240, l'église se dresse à Keitum, isolée, sur la butte la plus haute du geest de Sylt.

▷**Der weisse Leuchtturm** List West auf der Halbinsel Ellenbogen ist das nördlichste Gebäude Deutschlands.

The white lighthouse of List West on Ellenbogen peninsula is Germany's most northerly building.

Le phare blanc « List West » sur la presqu'île d'Ellenbogen est la construction la plus septentrionale d'Allemagne.

UNESCO-Weltnaturerbe Wattenmeer
Wadden Sea – UNESCO World Heritage Site
La mer des Wadden, patrimoine de l'UNESCO

◁**Alpenstrandläufer**, die im Frühjahr und Herbst durch das Watt ziehen, faszinieren mit ihren Flugspielen.

Dunlins populate the Wadden in spring and fall, wheeling hypnotically through the sky.

Les bécasseaux variables, fascinent par leurs jeux en vol lorsqu'ils traversent la mer des Wadden au printemps et en automne.

◁**Der Wattwurm** hinterlässt charakteristische Spuren. Diese prägen das Landschaftsbild des Wattwurmwatts bei Westerhever.

Lugworms leave characteristic traces that have shaped the landscape of the mudflats at Westerhever.

Le ver de vase laisse des traces caractéristiques qui marquent le paysage de la mer des Wadden à Westerhever.

▷**Strandkrabben** fressen alles. Doch gegen Feinde wie Vögel hilft es nicht, mit den Scheren zu drohen.

Shore crabs eat anything they can find – but enemies like birds are unimpressed by their claws.

Les crabes verts dévorent tout ce qui leur passe devant les pinces. Mais avec leurs ennemis les oiseaux, la menace des pinces ne suffit pas.

▷**Salzwiesen**, durch die sich Priele auf natürliche Weise schlängeln dürfen, sind nicht gerade häufig.

Salt marshes where tideways can wind naturally are a rare sight.

Les prés salés, dans lesquels circulent naturellement des petits chenaux sont rares.

▷**Junge Seehunde** rekeln und gähnen häufig, es gehört zum sogenannten Komfortverhalten bei Robben.

Young seals frequently stretch and yawn as part of their comfort behavior.

Les jeunes phoques s'étirent et baillent souvent – un signe de bien-être chez eux.

◁ **Eine unberührte Naturlandschaft** erlebt man bei einer Wanderung im Wattenmeer im Osten von Sylt.

An unspoilt natural landscape is part of a walking tour of the Wadden Sea on Sylt's eastern shore.

Un paysage intact vous attend lors d'une excursion dans la mer des Wadden à l'est de Sylt.

Impressum

Der Autor: Armin Maywald macht sich seit 30 Jahren weltweit einen Namen als Journalist und Naturfotograf. Neben zahlreichen Büchern und Magazinbeiträgen ist er bekannt geworden durch Naturfilm-Produktionen.

Produktmanagement: J. Hellmuth, Susanne Kuhl
Graphische Gestaltung: graphitecture, Rosenheim
Textlektorat: Susanne Lücking, La Nucía/Alicante, Spanien
Englische Übersetzung: Alison Moffat, München
Französische Übersetzung: Béatrice Boucouris, Aix-en-Provence, Frankreich
Kartographie: Thomas Vogelmann, Mannheim
Herstellung: Bettina Schippel
Repro: Cromika sas, Verona
Printed in Spain by Tallers Gràfics Soler S. A.

Alle Angaben dieses Bandes wurden vom Autor sorgfältig recherchiert und vom Verlag auf Stimmigkeit und Aktualität geprüft.
Allerdings kann keine Haftung für die Richtigkeit der Informationen übernommen werden. Für Hinweise und Anregungen sind wir dankbar.
Zuschriften an den:
Bruckmann Verlag,
Produktmanagement,
Postfach 400209,
D-80702 München
E-Mail: lektorat@bruckmann.de

Bildnachweis:

AKG-Images GmbH, Berlin: Karte Vorsatz; Bildagentur Huber, Garmisch-Partenkirchen: S. 4, 6/7, 12, 14/15, 16 (M.), 18 (u.), 19 (2), 22 (3), 23 (o.), 24 (2), 25 (M. und u.), 26 (2), 27, 32 (u.), 33 (u.), 34 (2), 36/37, 38 (3), 39 (2), 40 (2), 41 (2), 42 (o. und u.), 46 (2), 47 (3), 48 (o.), 50 (2), 51 (2), 54 (3), 55, 56/57, 58 (o.), 59 (o.), 62 (o.), 63, 67 (u.), 69 (o. und u.), 76 (o.), 77 (u.), 78, 79 (2), 80 (M. und u.), 81 (o.), 84 (o. und M.), 87 (o. und u.), 88 (o.); Gerhard Launer/WFL-GmbH, Rottendorf: S. 44/45, 60/61, 74/75, 85; Bildagentur Look, München: S. 8/9 (2), 11, 16 (o. und u.), 17 (2), 18 (o.), 20/21, 23 (u.), 25 (o.), 28/29, 30/31, 32 (o.), 33 (o.), 35 (2), 52/53, 59 (u.), 62 (M. und u.), 64/65, 66 (o.), 67 (o.), 68, 69 (M.), 70 (2), 71 (3), 72 (2), 73 (2), 76 (M. und u.), 77 (o.), 80 (o.), 81 (u.), 82/83, 84 (u.), 86 (2), 87 (M.), 88 (M. und u.), 89, 92/93; Armin Maywald: S. 90 (2), 91 (3); Picture Alliance/dpa, Frankfurt a. M.: S. 42 (M.), 48 (u.), 49, 58 (u.), 66 (u.)

Einbandfotos :
Vorderseite: Westerhever Leuchtturm (Look)
Rückseite: (v.o.n.u.) Strand von Büsum (Huber), Mühle in Borgsum auf der Insel Föhr (Huber), Ferienpension in Hallig Hooge (Huber), Standkrabbe (Maywald)

Die Deutsche Nationalbibliothek verzeichnet diese Publikation in der Deutschen Nationalbibliografie; detaillierte bibliografische Daten sind im Internet über http://dnb-nb.de abrufbar.

ISBN 978-3-7654-4983-3

Nordmole
Lange Anna
Nordreede
HELGOLAND
Lummenfelsen
Ober-
land
Unterland
Binnenhafen
Südhafen
Ostmole
Vorhafen
Neue Westmole
1 km
Nordstrand
Düne
Dünen-
hafen
Südstrand
Südreede
Nordsee
Norderney
Baltrum
Langeoog
Spiekero
Juist
Memmert
Borkum
Niedersächsisches
Nationalpark
Neuharlinge
Norddeich
Dornumersiel
Dornum
Bensersiel
Caroline
Norden
Wittmund
Ameland
Schiermonnikoog
Greetsiel
Krummhörn
Südbrookmerland
Aurich
Schor
Rysum
Hinte
Emden
Wiesmoor
Dokkum
NIEDERLANDE
Leuwarden
Zuidhorn
Groningen
31